AF202482

Anna Roth

Rosenduft der Liebe

Lyrik

Neuauflage
exklusiv selektiert

Rosenduft

der

Liebe

Impressum

© 2014 Anna Roth

Umschlaggestaltung: Angelika Fleckenstein;
Coverfoto: PublicDomainPictures at pixabay.com
Fotos Buchinnenteil: Shirley Hirst u. PublicDomainPictures
Weitere Fotos: James DeMers, Gert Altmann und PDGR at pixabay.com
Lektorat und Satz: Angelika Fleckenstein; spotsrock.de
Illustrationen: Bettina Roth

Verlag: tredition GmbH, Hamburg
ISBN: 978-3-8495-7992-0
Printed in Germany

Amor extasim facit

(Die Liebe geht in die Ekstase)

Einführung

Die Rose ist für mich die Königin der Blumen.
Ich pflege meine Rosen in meinem Garten,
es sind fast nur Duftrosen,
sehr liebevoll,
fast so wie man ein Baby pflegt
und rede ihnen gut zu.

Der Duft meiner Rosen
betört mich jedes Mal von Neuem.
Und so beschloss ich, meine Poesien
etwas in diesen Rosenduft einzutauchen,
und sie zart zu umkleiden
und sie anzuhauchen
mit dem wunderbaren Rosenduft,
der in mir bleibende
Assoziationen der Liebe weckt.

Auf diesem Hintergrund
der im Rosenduft
inkarnierten Gedanken
entwickelte sich der
„Rosenduft der Liebe".

So lade ich Sie herzlich ein,
sich ein wenig
von der Schönheit der Rose,
der Faszination ihres Duftes
und ihrer lieblichen Wirkkraft
beim Inhalieren
der einfühlsamen Lyrik
entführen zu lassen
in diese wundersame Welt
des Rosenduftes der Liebe.

✳ ✳ ✳

Anna Roth
Königswinter, 01. Mai 2014

Inhaltsverzeichnis

Assoziation

(Verknüpfung von Vorstellungen)

Der Wille ist frei.
Jedoch kommt
die Liebe vorbei –
und bindet ihn ein.
Sie setzt ihn in Gang
und hängt ihm an.

Aber – trotzdem
bleibt er offen,
und das lässt hoffen,
dass er doch
seinen Weg geht;
auch wenn die Liebe
ihm dabei
zur Seite steht.

Band der Liebe

Du siehst es nicht,
Du merkst es nicht
und doch durchdringt
und trägt es Dich.

Nie ist es nicht da.
Nie lässt es Dich allein.
Bei allem, was Du tust,
will es unmerklich bei Dir sein.

Es will Dich begleiten
auf Deinem Weg,
will Dich beschützen,
auch wenn Du gefehlt.

Und wenn Du glaubst,
jetzt ist es nicht da,
gerade dann –
ist es Dir näher – als nah.

Bestimmung

Wie der Duft der Rose
das Herz des Menschen
beflügelt und erquickt –
so die Liebe.

Die Liebe verbindet –
sie knüpft das Band
von Herz zu Herz.

Und so treffen
Rosenduft und Liebe
aufeinander –
und wirken –
ineinander.

Denn wie die Liebe
sich ihren Weg
von innen nach außen bahnt –
so ergießt sich
der köstliche Rosenduft
von außen
in des Menschen Seele.

Beide treffen sich im Herzen
und schreiten
von da ausgehend
zum „Du".

Denn erst im Verschenken an das „Du" –
finden sie ihre Bestimmung – ihre Ruh.

***

Cello

Deine Klänge faszinieren mich.
Sie ergreifen mein ich;
bis in meine Seelenkammer
und ziehen sie mit mir fort,
an einen geheimen Ort.

Dort – schenken sie
Wärme und Ruhe mir,
und entfernen mich
für kurze Zeit
aus des Alltags Trockenheit,
auf das meine Seele so dann
ihre Muße finden kann.

Conditio sine qua non

(Bedingung ohne die nicht)

Ohne ihren Duft
wäre die Rose
zwar immer noch
schön anzusehn —
aber ihrer vollen
Wirkkraft beraubt.

Denn allein
hüllt uns ein
ihr Duft.

Er gibt ihr die Krone.
Er ist ihr Sein.
Er ist ihr Begleiter,
lässt sie nicht allein.
Er macht sie unsterblich,
und trägt sie empor
aus den irdischen Zwängen
in den himmlischen Chor.

Dort vereint sich ihr Duft
mit den Engelsgesängen
und Harfenklängen.
Dann steigt er herab
und nimmt uns sodann
in seinen
überirdischen Bann.

***

Cor vivet ergo sum

Still die Seele spricht –
mein Herz schlägt – also bin ich.
Es ist meine erste Haut.
Nichts – ist mir so vertraut,
als seine Reaktion.

In guten wie
in schlechten Zeiten,
immer muss
es mich begleiten,
mich beraten
und mich leiten,
denn das ist
sein Lebenszweck.

Es trägt die Narben
durch die Zeit
von Freud und Leid.

Bin ich gekränkt,
dann tut es weh.
Es weint mit mir.

Es lacht mit mir,
wenn es vor Freude springt
und in mir singt.

Es liebt in mir,
wenn es vor Wärme brennt
und mit mir rennt
auf meinem Weg,
der Sonne und dem Regen
entgegen
und ihnen preisgegeben.

Es ist mein Ich.
Es haftet mir an,
ob stark oder schwach,
auch wenn ich
nicht mehr kann.

Bis es mit mir zu Ende geht,
hält es auf meinem letzten Weg,
in meiner Seele fest verankert,
die dann zum Himmel geht,
meine persönliche Identität.

Auf das wir einst zusammen finden,
wenn sich am Jüngsten Tag,
Seele und Leib wieder verbinden,

Deine Augen

Deine Augen kann ich nicht vergessen,
ich sehe sie auch in der Nacht.
So oft hast Du bei mir gesessen
und an meinem Bett gewacht.
Hast mich getröstet und gehegt,
mir Mut gemacht und mich gepflegt.
Immer – konnte ich Dir vertrauen,
Dir alles sagen – auf Dich bauen.

Dann kam die Wende,
Gott setzte nicht mir
sondern – Dir ein Ende.

Ich konnte es nicht fassen,
dass gerade Du mich verlassen.
Doch als ich verlor – all meinen Mut;
sah ich Dich im Traum
und alles ward gut.

Ich sah Deine Augen,
Dein liebes Gesicht
und hörte Dein Wort:
Vertrau nur – auf Gott,
Er verlässt Dich nicht.
Leg' einfach Dein Leben
in Seine Hände;
damit Er es
zum Guten hin wende.

***

Don't worry – be happy

Don't worry – steht primär.
So ist es weniger schwer,
es in den Alltag einzubauen;
obwohl es ohne guten Willen
nicht funktioniert.

Denn naturhaft
ist der Mensch mehr
für „worry" programmiert.

So ist „be happy"
ein hohes Ziel –
das ständig neu
eingeübt werden will.

Doch bist Du erst mal
auf den Geschmack gekommen
und hast erkannt,
dass mit „be happy"
Dein Leben geht leichter
von der Hand;

dann lässt Dich „be happy"
nicht mehr los,
und Du wirst es pflegen
bis zur Ruh'
in Abrahams Schoß.

✽✽✽

Dornen?

Haben Rosen nicht auch Dornen,
die die Lebensnarben formen;
die verweisen auf die Sorgen
der Vergangenheit und Morgen?

Ist der Rosenduft ein Irrtum,
der verschleiert das Reale
und wie eine rosa Brille,
Dir nur vortäuscht die Idylle?

Oder siegt am Ende noch
der Glaube an das Gute doch?
So dass der Rosenduft trotz Dornen
bewältigt – die Alltagssorgen?

Du

Liebe verschenkt sich nur im Du.
Nur im Du – findet sie ihre Ruh'.

Nur im Du – kann sie sich vergessen,
nur ihrem Du alles geben – was sie besessen.
Denn im Verschenken – wird sie reich.

Und würde man ihr alles nehmen,
sie wüsste trotzdem noch zu geben,
weil ihre Grenze nie erreicht.

Denn sie lebt nur für Dich -
und trennt sich nicht
von Deinem Ich.

Duftende Rose

Die Liebe ist
wie eine duftende Rose.

Nie aufdringlich –
aber gestaltend,

nie fordernd –
aber motivierend,

nie verletzend –
aber anregend.

Sie wendet alles
hin zum Guten
durch sich selbst.

Ehe

Beim Rosenduft ist es,
wie in der Ehe.
Du kannst den Duft
nicht trennen
von der Rose,
denn es ist ein Fleisch.

Würdest Du es versuchen,
würden beide auf der Strecke bleiben.
So verkörpern die Rose und ihr Duft
die Unzertrennlichkeit der Ehe.

Und so wie die Frau
naturhaft zum Mann –
so ziehen sich
Rose und Duft
einander an.

Erinnerung

Erinnerst Du Dich
unserer Zweisamkeit
an das Rauschen der Wellen
im Gleichklang der Zeit?

An das Zwitschern der Vögel,
den Regenbogen,
den Grashalm im Wind –
gedankenverloren?

Die Zukunft planend
mit rosa Brille,
nur die Schönheit erahnend
in der Verliebtheit Fülle?

Sie darf nicht sterben
im Alltagstrott,
muss sich behaupten
und bleiben am Ort.

Muss die Sorgen besiegen,
das Grau verwandeln
in den Rosenduft der Liebe,
um stets neu zu gebären
die Verliebtheit aus Liebe.

***

Essenz

Rosenduft der Liebe –
wie riecht er –
wie schmeckt er –
woraus besteht seine Essenz?
Hat er einen Seins-Charakter?

Muss ich ihn pflegen,
ihm Liebe geben,
damit er vollends erblüht,
die Herzen an sich zieht
und niemals sich entzieht?

Freiheit

Die Freiheit manifestiert sich
wie der Duft der Rose.
Sie strahlt eine unüberbietbare
Schönheit aus,
die sich in der Weisheit
artikuliert
und mit
Klugheit und Einsicht gepaart,
den Alltag ziert.

Freiheit des Geistes

In der Freiheit des Geistes,
die Gott uns schenkt,
liegt die Kraft,
die das Leben lenkt.

Der Geist muss frei sein
und trotz allem Drängen
widerstehen –
unvernünftigen Zwängen.

Denn es drängt ihn
zur Tat,
mit Klugheit und
Einsicht gepaart.

So streitet er tapfer
in geistiger Klarheit,
für die Wahrheit.

Für Dich

Für Dich
soll's nur
rote Rosen regnen,

Dir nur
nette Menschen
begegnen,

so dass am Ende,
es so ist,
dass Du selbst
eine rote Rose bist.

Geheimnis

Das Geheimnis der Rose ist ihr Duft.
Er betört und verzaubert die Luft;
und so die Umgebung,
zieht in sie ein,

ergreift die Menschen,
wirkt auf sie ein,
beeinflusst ihr Denken,
und treibt sie an
das Gute zu tun,

sich zu verschenken
und sich lassen zu lenken
nach Seinem Wollen,
woraus sich manifestiert –
unser Sollen.

Gehirn

Ist des Menschen Summe
sein Gehirn?
Es scheint so,
wenn er weist die Stirn;
und auf seine
Freiheit setzt;
dabei sein Herz
entscheiden lässt.

Der Wille aber –
von der Liebe gebunden
diktiert die Richtung
in Sekunden;
und wird tätig
nach dem Maß
seiner Erkenntnis;
dies ist wichtig –
für sein Verständnis.

Das Herz aber
ist die Mitte des Seins –
sein Lebensodem
und mit ihm eins.
Denn gegen sein Herz
kann er nicht sein.
Es ist seine Basis.

Er geht nicht allein
seinen Lebensweg,
den das Gehirn programmiert,
wenn es
für die Freiheit des Geistes
einsteht.

Gottesliebe

Ich weiß,
dass Du mir
immer verzeihst,
dass Du um
meine Schwächen
weißt
und trotzdem
mir den Weg
aufzeigst
zu Dir.

Du reichst mir
die Hand,
die mich führt
und zu Dir zieht,
damit sich die Spur
zu Dir nicht verliert.

So bin ich
voll Hoffnung
und danke Dir,
für Deine
nicht messbare
Liebe zu mir.

***

Himmlisch

Hörst Du den Klang der Musik,
der sich der Erde entzieht
und in den Himmel erhebt?

Er führt Dich vom Alltag weg;
und hebt Deine Sorgen auf.
Plötzlich fühlst Du Dich leicht,
Dein Kummer entweicht.

Und Du steigst mit dem Chor empor
in die himmlischen Höhen der Klänge,
in die Sphäre der Engelsgesänge,
um zu verweilen -
noch lange dort.

Nie —
möchtest Du fort
von diesem paradiesischen Ort.

Himmlische Musik

Hörst Du den Klang
vom Rosenduft der Liebe?
Siehst Du die Schwingung der Töne
wie Seide so zart und ergiebig;
so glänzend wie Gold,
durchsichtig und hold,

ergreift sie die Seele
und wühlt sie auf
und trägt sie nach oben
über die Wolken – hinauf
hinüber zu Ihm – der ist - die Liebe.
Sie will nicht mehr zurück
ins Erdengetriebe;

will nur noch verweilen
an seiner Brust
will nur genießen
die Wonne seelischer Lust.
Und der Klang – soll nicht enden,
der Traum nicht vergehn.
Ach bitte mein Gott,
lass zu Ende es nicht gehn.

***

Heilige Ruhe der Liebe

Die wahre Liebe ruhet in sich.
Sie ereifert sich nicht.

Sie handelt nicht unüberlegt,
und lässt sich nicht drängen
und niemals zwingen.

In Ruhe und Freiheit
lotet sie alles aus;

und dies
sichert ihr
das Gelingen.

Kinderaugen

Kinderaugen
leuchten auf zu Dir –
bleib bei mir.

Kinderaugen
schauen glücklich und froh,
ich werde geliebt –
einfach so.

Kinderaugen
fragen voll Vertrauen:
Kann ich immer
auf Dich bauen?

Klugheit der Liebe

Die Liebe handelt nie töricht,
denn ihre Substanz ist die Klugheit,
gepaart mit Einsicht,
bekleidet mit Weisheit,
so kommt sie daher
wie ein Rosenmeer
so duftend und schön
ist sie anzusehn.

Denn ihr Ursprung ist göttlich
und ihr Wesen durchwirkt
in weiser Einsicht
den Weltenplan,
der nur mit Klugheit
gelingen kann.

Laisser faire

Wenn Du meinst
es geht nicht mehr –
laisser faire.

Wenn die Last es Tages
Dir zu schwer –
laisser faire.

Wenn alles hetzt
hinter Dir her –
laisser faire.

Und sieh – es geht
ist gar nicht schwer –
laisser faire.

Hast Du es erst mal ausprobiert
und in den Alltag programmiert
geht nichts mehr
ohne laisser faire.

Lebensbegleitung

Liebe ist nicht greifbar,
aber sie durchwirkt
unser ganzes Sein.

Einmal inhaliert,
lässt sie uns
nie allein.

Wenn wir sie pflegen,
uns auf sie einlassen
auf unseren Lebenswegen,

dann bettet sie uns
zärtlich zur Ruh,
wenn wir einst schließen,
die Augen zu.

Leiden – Hoffen - Lieben

Nur die Liebe –
leidet,
und das Wort –
es schweiget.
Nicht nach außen
dringt der Schmerz,
wenn gebrochen ist
das Herz.

Nur die Liebe –
hoffet
auf Dein JA,
denn sie verschenkt
sich selbst,
ist immer für Dich da.

Nur die Liebe –
sieget
weil sie selbstlos liebt,
weil sie nichts für sich will,
weil sie selbst sich gibt.

Liebe bleibt

Ich kann nicht vergessen,
was Du mir gegeben;
Deine selbstlose Liebe –
Dein Bestreben, mir zu helfen
und meinem Leben
an Deiner Seite - Sinn zu geben,
es zu füllen durch die Zeit
in trauter Zweisamkeit.

Doch dann kam die Wende.
Gott setzte ein Ende
und Du musstest gehn.
Ich blieb zurück –
konnte es lang nicht verstehn.

Doch meinem Gebet – folgte Sein Wort,
dass Du bist – bei Ihm
und auch von dort
an meinem Herzen kannst ruhn.

So trennt der Tod die Liebe nicht.
Er gibt ihr nur ein neues Gesicht.
Und wir bleiben vereint –
in Ewigkeit.

***

Liebe differenziert

Liebe –
lässt sich nicht bestimmen.
Sie hat –
ihre eigenen Vorstellungen,
ihr eigenes Programm.
Sie lässt –
sich nicht
aus der Bahn bringen.

Oft –
läuft der Mensch
neben der Spur,
und vertauscht
Liebe mit Begierde nur.

Doch –
die Liebe
lässt sich darauf nicht ein;
denn sie differenziert sehr fein,
und lässt
das Ego der Begierde
nicht rein.

So bleibt die Liebe
sich treu;
und bahnt sich
den Weg immer neu,
um zu trennen
vom Weizen die Spreu.

***

Liebe erblüht im Rosengarten

Liebe erblüht im Rosengarten.
Vom Duft der Rose betört,
lässt sie nicht lange
auf sich warten,
weil die Rose
der Liebe gehört.

Hier ist sie zu Haus.
Hier fühlt sie sich wohl,
kann sich entfalten,
in Freiheit walten,
in Liebe gestalten,

die Rosen hegen,
veredeln und pflegen,
den Paradieses Garten
vorbereiten.
In den wir einst
durch das Tor der Liebe
heimwärts schreiten.

Liebe – heilt

Die Liebe löst das Problem
leicht und schön.
Vor ihrem wärmenden Blick,
weicht das Problem zurück.

Sie hält es klein;
und grenzt es ein.
Denn es kann
ohne Nahrung
nicht sein.

So kehrt die Liebe
als Sieger zurück,
indem sie heil macht,
das Lebensglück.

Liebe liebt

Liebe liebt –
Sie kann nur lieben.
Sie kann nicht – nicht lieben.

Denn die Liebe
ist ihre Substanz -
ihr Siegeskranz.

Sie lebt –
um zu lieben,
nicht –
um geliebt zu werden.
Sie verschenkt sich –
um zu beschenken,
nicht –
um beschenkt zu werden.

Alles –
was sie tut,
tut sie selbstlos.
Sie verzehrt sich immerfort
an jedem Ort.
Unbegrenzt ist ihre Zeit,
weil Liebe hineinwirkt –
in die Ewigkeit.

***

Liebe ruht nicht

Liebe ruht nicht.
Sie ist stets aktiv,
wenn auch oft unbemerkt
und in der Stille.

Sie kennt keine Pause.
Sie bringt sich ein.
Sie verfolgt ihr Ziel,
und wendet das Spiel.

Denn ihr Urgrund
ist göttlich –
stets ist sie
in der Pflicht;
und enttäuscht nicht.

Liebe schenkt Frieden

Liebe – schenkt Frieden;
sie versteht
und verzeiht.

Sie trägt
das Böse nicht nach,
ist zum Helfen bereit.

Sie verbindet die Seelen,
richtet auf die Herzen,
und wird nicht müde
zu lindern die Schmerzen.

Liebe und Barmherzigkeit

Der Urgrund der Barmherzigkeit
ist die Liebe.
Denn nur die Liebe verzeiht.
Sie hat ihren Sitz im Willen.
Und vom Willen ausgehend
beflügelt und inspiriert sie das Herz.

Damit es auffängt der Seele Schmerz
und so dem Willen signalisiert,
der wiederum von der Liebe gerührt
den Akt der Vergebung schenkt,
da er von der Liebe gelenkt.

Liebe und Kreuz

Nur die Liebe trägt ihr Kreuz.
Nur die Liebe ist leidensstark.
Was auch kommen mag,
sie hält allem stand
und trotzt der Versuchung.

Auch wenn sie weint in der Nacht,
so ist sie stark im Tag,
und zeigt ihre Tränen nicht.

Denn sie vertraut
auf das Licht,
das alle Schatten durchbricht,
weil es göttlich ist;
und ihr Kraft verleiht
durch das Leid der Zeit.

Liebe vergibt

Liebe vergibt.
Sie trägt das Böse
nicht nach.

Immer ist sie bemüht,
mit ihren eigenen Waffen,
Versöhnung zu schaffen.

Denn nur
die Liebe bringt Frieden
und wird siegen.

Liebe - weiß

Sie weiß um den Wunsch –
schon vor dem Wort.

Denn sie lebt so
in Dir fort,
dass sie in Dir
sich so vergisst,
dass sie nicht mehr
sie selber ist.

Denn die Liebe an sich –
ist ohne Ich.

Magnet

Der zarte Rosenduft
wirkt wie ein Magnet,
das uns liebevoll
heraushebt

aus dem
Mittelmaß und Alltagstrott,
das uns mitreißt – fort,
von Trübsal – in die Freude,

wo ein neuer Takt regiert,
der ab jetzt
das Zepter führt
und unser Leben ziert.

Wir blühen auf
im Lebenslauf;
und werden so
der Rose gleich,
und mit ihr eins.

Mama

Mama –
war mein erstes Wort,
Du warst bei mir –
immerfort.

Mama – ich wusste,
Du gehst mit mir den Weg,
Du stehst zu mir,
auch wenn ich gefehlt.

Mama – schon längst
geh' ich den Weg allein,
doch fühl ich's gewiss,
Du wirst immer bei mir sein.

Dein Wort klingt
leise nach in mir –
steh' ich am Grab:
Ich bin doch bei Dir.

Maß der Liebe

Die Liebe wirkt naturhaft
immer im rechten Maß.
Sie verschenkt sich nur
in angenehmer Dosis.

Nie – ist sie zu laut;
nie – anmaßend,
nie – stolz,
nie – störend.

Sie kann das Unangenehme
nicht wollen können.
Denn ihre Aufgabe
ist die Selbstaufgabe,
die nur im Du
ihre Selbstverwirklichung lebt.

Mit der Liebe durch den Tod

Alles ist dunkel –
Du bist fort.
Ich kann nicht beschreiben,
den geheimnisvollen Ort
an dem Du nun weilst.

Ich fühle die Leere,
die mich umgibt.
Aber ich fühle auch,
ich habe geliebt.

Und ich fühle jetzt,
Du bist mir nah;
bist gar nicht weg,
bist immer noch da.

Kann Liebe sterben durch den Tod?
Hat sie ein Ende – es ist die Not
Dich für immer zu verlieren,
Dich abzugeben – Dich heimzuführen
zu Ihm – statt zu mir.

Oder – schenkt Er Dich mir
in Liebe zurück.
Weil Liebe nicht stirbt den Tod.
Weil Liebe – im Tod zum Leben
neu erwacht.

Ein Liebesgeschenk von Ihm –
für Dich und mich erdacht.

***

Non cogito, ergo sum

Non cogito ergo sum –
die Rose spricht;
ich lasse denken – also bin ich.
Der Grund des Denkens –
ist mein Duft.

Er beflügelt die Phantasie
und angeregt von der Liebe,
die den Willen regiert –
schreitet er zur Tat –
ohne –
dass sie selbst agiert.

Das macht sie unsterblich
und gibt ihr das Sein.
So graben sich ihre Fossilien ein –
in das Werk
das nur von der Liebe geprägt
immer gelingt,
weil in ihm
das Lied der Liebe erklingt.

Norm

Muss die veredelte Rose
allein ihr Dasein fristen?
Weil sie an
Schönheit und Glanz
alle überragt?

Würde man sie
gerne missen,
und ein normales
Dasein fristen,
in Gemeinschaft
mit seinesgleichen,
wo niemand darf
der Norm entweichen?

Wo die Rosen
auf Duft verzichten,
um sich gänzlich
auszurichten,
nach der Masse Mittelmaß.

Schon nach kurzer Zeit sodann,
tritt der Wunsch zu sterben an.
Weil Identität und Lebensglück
sich im Mittelmaß nicht
verwirklichen kann.

***

Parallele

Die Freiheit des Geistes
ist wie der Duft der Rose:
Nicht einzufangen
nicht einzuengen,
liebevoll und anziehend,
angenehm und wohlwollend,
überzeugend und gewinnend.

Es sind Freunde besonderer Art.
Während die Rose
durch ihren Duft betört,
gewinnt der Geist
durch Klugheit an Wert.

Er kämpft fair für die Wahrheit,
das verleiht ihm Schönheit,
die der Rose naturhaft gegeben,
geschenkt – eben.

Wie die Freiheit den Geist krönt,
so der Duft die Rose.
Ihr Flair durchzieht den Lebensraum
und wirkt hinein bis in den Traum,
der auf beide verweist:
die Rose und den Geist.

***

Rosenduft der Liebe

Rosenduft der Liebe,
ich hoffte, dass er bliebe;
doch – gibt es eine Ewigkeit
in unserer begrenzten Zeit?

Der Duft – er muss vergehen,
um wieder neu zu erstehen,
muss seine Faszination verlieren,
um sich zu regenerieren.

Doch dann – in der Fülle der Zeit,
wenn alles blühet weit und breit,
ist er bereit;

sich neu zu verschenken
sich einzusenken
in unser Herz,
um zu beenden
den Trennungsschmerz.

Sehnsucht

Du sehnst Dich
nach dem Rosenduft der Liebe?
Du möchtest ihn fassen
und nicht mehr lassen.
Ihn in vollen Zügen genießen;
und alles tun,
damit die Rosenblühten sprießen
und sich duftend
über Dich ergießen?

Selbst im Traum
nimmst Du ihn wahr.
Die Sehnsucht nach ihm
hat kein End.
Denn er ist
die Verkörperung des Glücks;
und deshalb
nie so richtig präsent –
nie so wirklich da.
Weil seine Substanz –
mehr dem Himmel nah.

Selbstverwirklichung im Du

Die Liebe ist kein Selbstzweck.
Sie findet ihre Bestimmung nur im Du.
Sie hat keinen Gefallen an sich selbst.
Sie kann nur im Du fruchtbar werden,
nur im Du nach außen treten.

Ihre Identität ist das Du.
Ihre Erfüllung – ihre Sehnsucht
ist ausgerichtet und ausgestreckt
hin – zum Du.

Deshalb sind ihre Wege nicht einsam,
denn alles – was sie bewirkt –
wirkt sie im und so
mit dem Du gemeinsam.

Die Schönheit der Liebe
gründet in ihrer Freiheit

Sie ist unüberbietbar schön – die Liebe.
Allem – was sie tut – verleiht sie Glanz.
Sie wirkt ganz aus sich selbst,
denn sie ist die Freiheit.
Und aus dieser Freiheit heraus
wirkt sie in Freiheit.

So strahlen ihre Werke
nicht nur die Schönheit der Liebe,
sondern auch die Schönheit der Freiheit aus.
Denn die Freiheit – ist die Basis der Liebe.

Schönheit und Freiheit

Kann das Gesicht eines Menschen
so schön wie eine Rose sein?
Wenn ja –
dann ist er nie allein.

Man ist versucht
und unterliegt dem Verlangen,
ihn unverzüglich einzufangen
und heimzuführen
ins eigene Reich;
um ihn dort einzupflanzen
einer Duftrose gleich.

Um ihn ganz in Besitz zu nehmen,
würde man wirklich – alles geben.

Aber dann – o Graus,
wäre es bald
mit der Schönheit aus;
denn sie ist nur –
in der Freiheit zu Haus.
Und darin der Rose gleich,
die nur gedeiht und blüht
in einem großzügigen Reich.

✳✳✳

Schokoladensoße

Gibt es die Schokoladensoße
des Lebens?
Mit der alles gelingt
und Geschmack bekommt;
die auch bittere Stunden
süß überzieht,
so dass das Leiden flieht?

Gibt es den Menschen,
den Du wie
Schokoladensoße magst,
weil er immer da ist,
Dir hilft,
ohne, dass Du ihn fragst?

Gibt es die Hoffnung,
die Dich trägt
und die Dich
so schmackhaft
wie Schokoladensoße prägt?

Wenn ja – dann macht
die Schokoladensoße Sinn,
denn ihre Substanz –
bringt Gewinn.

✳✳✳

Sternenhimmel

Erinnert uns der Sternenhimmel
an den Rosenduft?

Weckt er uns auf –
führt uns hinauf
in das Firmament,
das unbegrenzt – ohne End'
uns für einen Augenblick
reich beschenkt,

uns eintaucht
in ein Sternenkleid,
uns entrückt –
weg von der Zeit
in den Rosenduft
der Ewigkeit.

Transzendenz

Der Rosenduft der Liebe
ist mal hier – mal dort.
Stets schaut er aus
nach einem passenden Ort,

an dem er sich
entfalten kann –
und transzendieren
in das Wesen der Person,

die ihn aufsaugt
und mit ihm fliegt davon;
die Materie übersteigend
hin zur Sonne eilend,

um in ihren
wärmenden Strahlen
etwas
vom Geheimnis Gottes
zu erfahren.

Traum

Sind Träume – Schäume?
Oder gibt es einen Lebenstraum,
der Dich begleitet –
Du merkst ihn kaum?

Nur selten dringt er in Dich ein,
wenn Du zu sehr auf Dich allein
Dich konzentrierst – und allem
was am Wegesrand einzig Dir
ganz individuell erblüht –
keine Beachtung schenkst
und Dein Blick nur lenkst –
auf das – was ist.
Aber –
ist das dazwischen etwa Nichts?

Der Traum ist da,
ob Tag – ob Nacht;
denn er ist einzig
für Dich gemacht.

Er möchte nur,
wenn Du blind
durch Dein Leben rennst,
dass Du i h n
wirklich e i n m a l erkennst
und ihm schenkst
s e i n e n Raum
einzig für Dein Glück,
für Deinen Traum.

***

Unsterblich

Du bist die Rose,
die nie verblüht.
Mit ewiger Liebe
habe ich Dich geliebt.

Doch das Ewig zerbrach.
Du musstest gehn.
Es war Sein Plan,
Du ließt mich stehn.

Ich weiß – Du bist da,
bist mir auch nah,
gibst mir auch Tipps,
aber berühren –
kann ich Dich nicht.

Du fehlst mir so sehr.
Mein Innen ist leer.
Doch ich weiß genau,
Du – meine geliebte Frau;

wenn Gott mich einst
hinzieht zu Dir –
schenkt Er mir Dich
auf ewig zurück,
denn Du bist doch
die Rose,
die nie verblüht.

***

Unwiederbringlich

Leise – unvergessen
schwingt der Rosenduft
noch nach in Dir.

Du willst ihn halten –
doch umso mehr
entzieht er sich dann Dir.

Bis dass er unverhofft
anklopft –
an Deines Herzens Tür;
wenn Du dann öffnest,
bleibt er
unwiederbringlich - bei Dir.

Ursprung der Liebe

O leuchtende Liebe,
Du enthüllst Deine Kraft,
in der Stärke des Herzens,
das gute Werke schafft.

Nie – wirst Du müde.
Nie – gibst Du auf.

Denn Du kennst deinen Ursprung,
und Dein Weg führt hinauf
zu Ihm allein –
der die Liebe ist –
der Dich o Mensch –
niemals vergisst.

Der Dir die Liebe
ins Herz gesenkt,
und sich immer   n e u
an Dich verschenkt.

Vanille

Wie soll man
den Rosenduft der Liebe
beschreiben?

Enthüllt er sich
wie zarte Seide;
durchsichtig hin
auf das Du?

Oder –
betäubt er die Sinne,
und zergeht auf der Zunge
wie Vanille?

Oder –
macht er sich
als Wegbegleiter zum Geschenk,
dass des Lebens Geschichte lenkt?

Nie –
können wir den
Rosenduft der Liebe
zu Ende denken.
Denn –
er will immer nur eins,
sich individuell
neu verschenken.

***

Visionen

Was verstehen wir
unter Visionen?
Sind es Wünsche,
die – weil unerfüllt
uns begleiten als
Schattenbild?

Die uns in unseren
Träumen erscheinen,
und – auch wenn wir sie
nicht wollen – bleiben?

Oder sind sie in
unserer Zielwelt versteckt,
die zwar
unser Interesse weckt,
obwohl uns
irgendwie aufgezeigt,
dass unsere
Zielsetzung drei Nummern
zu weit?

Oder begleiten sie uns
ein Stück,
um uns zu schenken
Lebensglück?
Aus dem wir dann
schöpfen
neue Kraft,
mit der wir Dinge
bewältigen,
die wir sonst
nicht geschafft?

Waffen der Liebe

Die Liebe entwaffnet,
sie glättet die Wogen.
Sie kommt sanft daher,
wenn andere toben.

Ihre Waffe ist die Liebe -
ein freundlicher Ton,
vor unangenehmen Dingen
läuft sie nicht davon.

Sie eint die Parteien,
ist immer bereit
zu loben – zu verzeihen
bei jedem Streit.

Ihr Ziel ist die Eintracht
von Herz zu Herz,
und so kämpft sie unmerklich
um zu wandeln in Freude –
den Schmerz.

Weihnacht

O, Du schöne Weihnachtszeit,
hell erleuchtet weit und breit
sind die Häuser in der Nacht.

Plätzchenduft liegt in der Luft,
und ein Schweigen füllt den Raum
mit einem sanften Lächeln.

Das Geheimnis hüllt uns ein;
kleine Päckchen hübsch verpackt
schauen liebevoll und fein.

Glücklich strahlen Kinderaugen
träumend von der Heiligen Nacht,
ob der Mond am Himmel wacht?

Ihre kleinen Herzen brennen
und die Sehnsucht macht sich breit,
bis es endlich ist soweit.

O, Du schönste Weihnachtszeit
schenkst Erinnerung und Freude,
machst die Herzen weit.

Anna Roth, geb. in Köln.

Die in der Nähe von Bonn lebende Autorin ist Dipl.-Theologin, verheiratet, Mutter von fünf Kindern; außerdem hat sie sieben Enkelkinder. Sie studierte katholische Theologie in Bonn, Vallendar und Sankt Augustin. Der Schwerpunkt ihrer Autorentätigkeit liegt bei der Mariologie und der Lyrik.

Außerdem verfasst sie mariologische Publikationen in diversen Zeitschriften.

Sie hält Vorträge im K-TV Fernsehen sowie Lesungen und Vorträge unter dem Titel: **„Literatursofa"** im eigenen Hause, wo sie auch ab Herbst 2014 die neue Seminarreihe „Positive Lebensgestaltung" startet.

Sendereihen im K-TV Fernsehen:

MARIA Immaculata conceptio:3 Teile
MARIA Assumpta:3 Teile
FATIMA Aktuell:6 Teile
FATIMA und die Barmherzigkeit Gottes: 4 Teile

Auftritte

K-TV Fernsehen: 2008 – 2010, 2013

Deutsches Literaturfernsehen: 2010-2014

Autorenlesungen

Buchmesse Frankfurt	2011
Buchmesse Frankfurt	2012
Buchmesse Frankfurt	2013
Buchmesse Leipzig	2012
Buchmesse Wien	2012
Buchmesse Karlsruhe	2013

Lesungen und Vorträge im Hause Roth

2012:
Rosenduft der Liebe, Bd. 1
Rosenduft der Liebe, Bd. 2
MARIA - auch Deine Mutter

2013:
Vorträge:
Literatursofa:
Die End-Entscheidung
Tod trifft Leben – Was geschieht mit uns nach dem Tod?
Religionen im Vergleich: Christentum–Hinduismus-Buddhismus

2014:
Lesungen und Vorträge:
Literatursofa:
Großes Lyrik-Potpourri
Die vier Kardinaltugenden
Religionen im Vergleich: Christentum – Judentum – Islam
Lebensgestaltung mit MARIA

Neue Seminarreihe:
Positiv leben mit den vier Kardinaltugenden

Einträge:

Deutsches Schriftstellerlexikon 2010/2011

Publikationen:

Kirche Heute

Mariologisches

FATIMA Weltapostolat

Gedicht „Weihnacht" in: Gedicht und Gesellschaft 2010,
Brentano-Gesellschaft, Frankfurt 2009

4 Gedichte in: Neue Literatur, Anthologie,
August von Goethe Literaturverlag, Frankfurt 2010

Veröffentlichungen:

„Die Musterfamilie"
Ein christlicher Familienroman
Verlag Books on Demand, Norderstedt 2008

Kontakt:

www.anna-roth.com

Notizen

Über tredition

Der tredition Verlag wurde 2006 in Hamburg gegründet. Seitdem hat tredition Hunderte von Büchern veröffentlicht. Autoren können in wenigen leichten Schritten print-Books, e-Books und audio-Books publizieren. Der Verlag hat das Ziel, die beste und fairste Veröffentlichungsmöglichkeit für Autoren zu bieten.

tredition wurde mit der Erkenntnis gegründet, dass nur etwa jedes 200. bei Verlagen eingereichte Manuskript veröffentlicht wird. Dabei hat jedes Buch seinen Markt, also seine Leser. tredition sorgt dafür, dass für jedes Buch die Leserschaft auch erreicht wird

Autoren können das einzigartige Literatur-Netzwerk von tredition nutzen. Hier bieten zahlreiche Literatur-Partner (das sind Lektoren, Übersetzer, Hörbuchsprecher und Illustratoren) ihre Dienstleistung an, um Manuskripte zu verbessern oder die Vielfalt zu erhöhen. Autoren vereinbaren unabhängig von tredition mit Literatur-Partnern die Konditionen ihrer Zusammenarbeit und können gemeinsam am Erfolg des Buches partizipieren.

Das gesamte Verlagsprogramm von tredition ist bei allen stationären Buchhandlungen und Online-Buchhändlern wie z. B. Amazon erhältlich. e-Books stehen bei den führenden Online-Portalen (z. B. iBookstore von Apple) zum Verkauf.

Seit 2009 bietet tredition sein Verlagskonzept auch als sogenanntes "White-Label" an. Das bedeutet, dass andere Personen oder Institutionen risikofrei und unkompliziert selbst zum Herausgeber von Büchern und Buchreihen unter eigener Marke werden können.

Mittlerweile zählen zahlreiche renommierte Unternehmen, Zeitschriften-, Zeitungs- und Buchverlage, Universitäten, Forschungseinrichtungen, Unternehmensberatungen zu den Kunden von tredition. Unter www.tredition-corporate.de bietet tredition vielfältige weitere Verlagsleistungen speziell für Geschäftskunden an.

tredition wurde mit mehreren Innovationspreisen ausgezeichnet, u. a. Webfuture Award und Innovationspreis der Buch-Digitale.

tredition ist Mitglied im Börsenverein des Deutschen Buchhand

Zeitfracht Medien GmbH
Ferdinand-Jühlke-Straße 7
99095 Erfurt, Deutschland
produktsicherheit@kolibri360.de